AF509854

MÉMOIRE

POUR

LA DAME KORNMAN;

CONTRE LE SIEUR

GUILLAUME KORNMAN,

SON ÉPOUX.

Qui commence une affaire sans jugement, doit s'attendre à la voir finir sans succès.

PENSÉES DÉTACHÉES.

1787.

AVANT-PROPOS.

L'Affaire de monsieur Kornman n'est pas d'une grande importance. Les acteurs n'intéressent gueres. Un mari foible, une femme étourdie & légere, un homme sans mœurs, un magistrat sans crédit, ne sont pas des personnages curieux à montrer sur la scene. Mais il est naturel de venir au secours d'une femme malheureuse, que monsieur de Beaumarchais a aussi mal défendue qu'il l'avoit mal conseillée. Ce mémoire n'est pas revêtu d'une signature légale. S'il est vrai, il n'en a pas besoin ; s'il est faux, elle n'y donneroit aucun poids. Quand on l'aura lu on verra que, comme celui de monsieur Kornman, il ne pouvoit être souscrit par aucun avocat ; mais on y verra que l'intervalle est immense entre le crime & la foiblesse.

MÉMOIRE

POUR

LA DAME KORNMAN,

CONTRE

LE SIEUR KORNMAN,

SON ÉPOUX.

C'Est une femme sensible, une épouse foible, une mere désolée qui vient, non accuser, mais éclairer un homme prévenu, une époux inquiet, un pere trop peu occupé de l'avenir. Le mémoire qu'il a publié m'a mis à la merci de tout le monde. Les prudes l'ont lu avec indignation, les femmes galantes avec un retour flatteur sur leur prudence, les maris avec le plaisir secret de se voir vengés, les jeunes gens avec l'indulgente compassion qui n'eft que dans le bel âge. M. Kornman paie bien cher la douceur paffagere d'être plaint. Car enfin s'il eft des remords, c'eft pour ceux qui déshonorent l'autel où ils ont facrifié, & qui chargent des enfans de la honte de leur mere. Je parlerai avec franchife aux dépofitaires de l'autorité, aux gardiens des loix, au public févere : ils peuvent après ordonner de mon fort. Quel que foit l'événement du procès intenté contre moi, mon plan eft décidé : Je fuirai dans la retraite un époux injufte ou du moins cruel, & je gémirai fur la féparation de mes enfans, qui viendront un jour dans mon fein fe confoler des fautes de leur pere.

F A I T.

Ce fut en 1774 que j'aliénai ma liberté, & avec elle tous mes biens. M. Kornman s'appercevoit que mon cœur n'entroit pour rien dans notre union. Il employa un intervalle de quinze mois à vaincre mon indifférence ; c'eft ce qu'il appelle m'avoir mis à même de connoître fon caractere, fon efprit, fon humeur. Je vis qu'il n'avoit rien de tout cela : mais lorfque je m'en apperçus il y avoit déja sept mois que j'avois promis ma main. Des parens officieux me répétoient qu'il étoit riche, qu'un homme sans caractere étoit plus docile aux volontés d'une femme, que pour être banquier il ne falloit pas un grand génie, & qu'un homme sans humeur étoit un homme sans défauts. J'épousai donc monsieur Guillaume Kornman sans plaisir pour le moment, sans alarmes pour l'avenir. Le premier sentiment vraiment agréable que je lui dus, est celui où il m'annonça un voyage à Paris. Cette imprudence, qu'il n'auroit jamais dû faire, lui coûta l'honneur & à moi l'innocence. Ne connoissoit-il pas ce Paris, qui permet si rarement à la vertu & à la beauté d'aller ensemble ? ne savoit-il pas que les hommes aimables, toujours dangereux, gagnent encore à la comparaison ? & que beaucoup de femmes en donnant leur main réservent leur cœur ?

A peine eus-je connu cette ville séduisante, que je me promis d'en faire ma patrie. Pour y réussir il fallut, à l'insu même de monsieur Kornman, lui inspirer le même desir. Ce projet me coûta quelques complaisances ; mais j'eus le double plaisir de faire ma volonté & de passer pour une femme accomplie. On voit avec quelle intéressante franchise mon époux, dans son mémoire, s'étend sur l'intimité de notre union, & les éloges dont il me comble. Je suis trop modeste pour les accepter dans leur entier.

A l'imprudence de m'amener à Paris il joignit celle de me dire „ que si au „ milieu de la dépravation universelle des „ mœurs, j'étois subjuguée par une pas- „ sion fatale ou séduite par la force de „ l'exemple, & foible quelques instans, „ il ne me demandoit autre chose que „ de respecter l'opinion. " En vertu de cette permission je crus, je l'avoue, pouvoir concilier mes devoirs & des sentimens plus doux, la décence & les secrets penchans d'un cœur presque novice encore.

Ce cœur avoit distingué le sieur Daudet de Jossan, homme dangereux peut-être en affaires, mais très-aimable en société; cependant la couleur ardente de ses cheveux étoit de moitié avec monsieur Kornman, & ce fut l'excès de ses précautions qui les rendit nécessaires. Au
reste

refte mon mari calma promptement fes inquiétudes ; car je le vis en liaifon d'affaires avec monfieur Daudet , & acquérir des droits à fa reconnoiffance. Alors je ne pris gueres plus de mefures contre moi-même que monfieur Kornman n'en prenoit contre lui , & je ne tardai pas à concevoir qu'on pouvoit pardonner à un homme fenfible , attentif, la couleur de fes cheveux.

Quelque tems après monfieur de Joffan fe rendit à Strasbourg pour y remplir les fonctions de fyndic-adjoint du prêteur. Alors il me prit une envie démefurée de revoir ma famille. Bafle , quoique la ville de Suiffe la plus trifte , me parut préférable à ce Paris , qui depuis quelque tems me devenoit odieux. Monfieur Kornman va s'imaginer que monfieur Daudet m'infpire ce goût pour la province. Mais il faut rendre juftice à mon époux complaifant: *quoiqu'il devinât le vrai motif de ma demande* (1), il me conduifit lui-même à Strasbourg , perfuadé que *là je renoncerois à une liaifon dont il lui fembloit que*

____

(1) Mémoire de M. Kornman, page 11.

je devois connoître le danger, mais dont, s'il faut être vraie, je ne connoissois encore que l'agrément.

Mon époux étoit si heureusement prévenu, qu'il imaginoit me toucher par ses sermons, & qu'il prenoit certains mouvemens qui allongent la physionomie pour des remords. Je ne sais par quelle fatalité il se trompoit toujours sur mes véritables sensations. A Strasbourg je montrai quelque satisfaction à revoir mon ami, qui *par hazard* se trouva sur la route par laquelle nous arrivions ; il appelle cela *une passion qui reprend son empire.*

Pour lui remettre la tête je ne restai que quelques jours à Strasbourg, & vins m'enterrer à Basle, où monsieur Kornman me déposa dans ma famille. Monsieur Daudet se trouva y avoir des affaires. C'est un homme habile, qui ne se repose jamais sur autrui de ce qu'il peut faire par lui-même. Il venoit donc quelquefois dans cette ville : ses occupations prenoient la journée entiere ; il trouvoit un délassement à souper avec moi. Etant dans l'usage de se coucher fort tard, nous veillions quelquefois affez avant dans la nuit, habitude que l'on contracte à Paris. Ne voilà-t-il pas mon époux, toujours exagérateur, qui configne dans un mémoire „ que le fieur „ Daudet avoit paffé des nuits avec moi, „ & qu'il s'y étoit comporté avec tant „ d'indécence & de fcandale, qu'il y „ avoit excité l'indignation non feule- „ ment des perfonnes qui féjournoient „ dans l'auberge, mais de la ville en- „ tiere, où nous étions devenus le „ fujet ordinaire de la plupart des con- „ verfations ! „

Je ne crois pas que jamais femme aît ofé prendre fur elle de paffer la nuit avec fon amant. Mais fi cela étoit jamais arrivé, je ne crois pas que les voyageurs & une ville entiere, euffent été appellés pour juger de l'indécence & du fcandale que donneroient deux amans qui auroient le malheur de s'oublier au fein de l'amour.

Monfieur Kornman qui m'avoit tant prêché pour quitter la Babylone moderne, m'y ramena au mois de décembre 1780. Ce fut à cette époque que monfieur Daudet, pour qui j'avois vrai-

(12)

ment de l'amitié, perdit un protecteur dans la personne du prince de Montbarrey & avec lui la place de syndic à Strasbourg. Il est des instans où ne pas venir au secours de ses amis c'est devenir complice de la fortune qui les trahit. Mon mari ne voyoit pas tout-à-fait les objets des mêmes yeux. Il prétend qu'il consulta les *Mémoires secrets*: voilà une belle autorité pour fixer son jugement! Il la fortifie par des informations à Versailles : autre source d'erreurs & de prévention.

Les renseignemens vrais ou faux qu'il venoit de prendre le rendirent plus inquiet, moins résigné ; les explications un peu tardives commencerent. L'un étoit époux, l'autre en avoit les droits : de-là des altercations fort vives. Cependant monsieur Bergasse se trompe lorsqu'il dit (1) que monsieur Kornman avoit voulu faire jetter monsieur Daudet par la fenêtre. Il n'est ni si violent, ni si étourdi. Je confesse seulement que lasse de cette tyrannie, je m'affranchis des remontrances de mon cher époux; & c'est ce qu'il

____

(1) Page 17.

appelle lui avoir déclaré une guerre ou-
verte (1).

Il eut recours à l'éloquence de mon
frere, que j'assurai de mon amitié pour
lui & de ma passion pour monsieur de
Joslan. Lorsque les tentatives ridicules
ne réussissent pas, ce qui arrive ordinai-
rement, on s'en venge sur les personnes
qui y ont donné occasion. Après le départ
de mon frere monsieur Kornman fut
comme un petit démon, & en vint au
point de s'imaginer que son existence devenoit importune. Il y a par-tout des
amis officieux qui pour vous sauver l'honneur vous déshonorent, & pour vous rendre heureux vous tourmentent. Un sieur
d'Erville, intendant des armées du roi,
alarme la police & mon mari sur les
dangers dont il est environné. Je doute
que l'empressé d'Erville ait rendu un grand
service à mon mari en s'adressant au lieutenant de police. Il conseilla de demander
une lettre de cachet contre moi, dit le
mémoire; j'en doute. Ce magistrat n'étoit
pas violent: il avoit une autre maniere de
s'assurer des femmes.

____

(1) Page 18.

Monsieur Kornman se refusa à cette sé-
vérité , & consentit à me faire surveiller
de près par l'inspecteur *Surbois*. Il apprit
ce dont il ne s'étoit jamais douté , c'est
que je voyois tous les jours monsieur
Daudet, & que je lui avois prêté quelqu'argent pour faire un voyage en Hollande , où il alloit réclamer auprès du
Stathouder des sommes répétées par le
prince de Nassau-Siegen.

Cette absence ressuscita l'espoir dans
le cœur de monsieur Kornman : il se
proposoit de reprendre l'usage de ses
sermons lorsqu'il apprend une chose
inouie , c'est que j'étois en correspon-
dance avec monsieur Daudet, & qu'il
avoit l'audace de nommer tyran celui qui
armoit contre nous jusqu'aux vils espions
de la police.

Mon époux en fureur se détermine à
me faire arrêter , & court chez monsieur
Lenoir, qui l'envoie à monsieur Amelot,
lequel l'adresse à monsieur de Maurepas.
Il assure qu'à la vue de la lettre de cachet
sa tendresse pour moi se réveilla ; en
tout cas elle se rendormit bientôt , car
quelques heures après il en chargea l'inf-

pecteur Surbois qui me conduisit chez les dames Douay, à la nouvelle France. A la vérité il m'y envoya des *vins recherchés*, des *liqueurs*; mais il en faudroit beaucoup pour faire oublier un pareil affront.

On m'interroge juridiquement. L'amour étoit mon crime; je le confessai. J'étois enceinte, & l'enfant étoit étranger: je l'avouerai encore. Je sentis que les passions nous égaroient; & qu'il falloit vivre sous l'empire de la vertu. Aussitôt que je surpris ce sentiment dans mon ame, j'en fis part à mon mari. Etois-je donc la seule femme coupable d'une pareille foiblesse? Eh! si les hommes ressembloient tous à l'être pusillanime & méchant auquel j'ai lié mon sort, que deviendroit la société? que deviendroit-elle, si dans ce moment, pour me justifier, je nommois toutes celles qui m'ont donné ce funeste exemple, ou qui l'ont suivi depuis l'époque de mes malheurs?

Je les pardonne à mon foible époux; mais ce que je ne lui pardonne pas, c'est d'impliquer dans sa dégoûtante récrimination un magistrat qui n'avoit que trop bien servi sa vanité. S'il croit que monfieur Daudet difpofoit aveuglement de mes fentimens, quel ombrage pouvoit lui infpirer monfieur Lenoir ? S'il penfoit que fans amour comme fans délicateffe j'appartenois à celui qui me follicitoit, pourquoi dirigeoit-il toutes fes démarches contre monfieur Daudet, l'auteur de tous fes maux.

En effet, il arrive de Hollande, & lui feul l'occupe, foit pour fon habileté perfonnelle, foit pour fes liaifons. Parmi ces liaifons fe trouvoit un homme dont le public ne hait pas de s'entretenir ; qui s'eft fait une fortune, une réputation, non pas en faifant des fottifes comme il le dit, mais en en faifant faire aux autres : affez aimable pour faire oublier combien il eft dangereux ; digne à bien des égards de la méfeftime publique & de la haine générale, mais cependant trop baffoué, trop avili, trop accablé depuis un mois.

Ce généreux chevalier me prend hautement fous fa protection ; déclare que l'ordre du roi lui déplaît. Il favoit par expérience que rien n'eft moins plaifant. Monfieur Kornman trouva quelqu'audace dans

dans cette maniere de parler & d'agir.
Cependant tout ce que lui dit monfieur
Lenoir étoit bien propre à le calmer ,
puifque ce magiftrat par fa place étoit
mieux inftruit qu'un autre : auffi n'infifta-
t-il pas , & fa haine active fe tournoit
fans ceffe contre monfieur Daudet : il
follicite , chez monfieur de Maurepas ,
un ordre qui met mon amant dans ma
pofition : le vieux miniftre l'avoit ac-
cordé ; mais monfieur le lieutenant de
police , toujours ami de la paix , en éluda
l'exécution.

Mon époux m'envioit jufqu'aux con-
feils qui me dirigeoient dans ma folitude ;
& donnant accès à toutes les calomnies
qui venoient troubler fon repos , il en
croit à une maîtreffe jaloufe qui lui dit
que mes foibles charmes lui ont nui
dans le cœur de monfieur Lenoir , ce
magiftrat ! la caufe de ma détention , &
l'ami fincere de monfieur Kornman! Ce
trait d'ingratitude le met hors de lui ; il
court chez les miniftres pour obtenir la
permiffion de me conduire à Bafle ; Bafle
naguere fi fatale à fon repos.

La mort de monfieur Maurepas dé-

concerta un peu ses malignes intentions,
& me donna la facilité de demander au
châtelet la séparation de corps & de
biens. Monsieur Kornman trouva dans
cette démarche de calomnies contre lui
le projet d'obtenir le divorce pour épouser le sieur Daudet , & l'intention de
renverser sa fortune. Mais si j'aimois tout
à la fois MM. de Beaumarchais & Lenoir, quelle rage avois-je d'épouser monsieur Daudet , sans place & sans argent ?
Pourquoi aurois-je voulu renverser une
fortune qui étoit la caution de ma dot ?
pour avoir le cœur sensible, est-on ma-
râtre, & veut-on ruiner ses enfans en
faveur d'étrangers qu'on aime peut-
être plus qu'on estime , & qu'on emploie
plus qu'on ne les aime ? Il est plaisant
ce bon monsieur Kornman , lorsqu'il dit :
„ Si je la poursuivois au châtelet , je
„ me verrois dans le cas de rendre le
„ déshonneur public : " (1) & que lui
restoit-il à faire ; livrée à l'espionnage de
la police , flétrie par une lettre de cachet, traduite sous les yeux de ses con-
seils & de ses prétendus amis , n'avoit-

____

(1) Page 38.

il pas fait ce qui eft au pouvoir des mé-
chans , & ce qu'il eft défendu aux gens
honnêtes de faire ? car enfin , pour armer
contre moi l'autorité & la juftice, quel
eft mon crime ? de pouvoir vaincre
une paffion impérieufe qui me fubjugue
& en impofe à mes remords comme à
mes réflexions.

C'eft-là fans doute le vrai motif qui
décida le miniftere à lever mes arrêts.
Monfieur Lenoir remit à monfieur de
Beaumarchais le gage de ma liberté ;
celui-ci me fervit au châtelet. Nourri dans
le férail , il en connoît les détours : j'a-
vois une affez mauvaife caufe , il faut
l'avouer : plus d'un avocat m'auroient re-
fufé leur miniftere. Mon chevalier ac-
coutumé à faire prendre des raifonnemens pour des raifons , & fur-tout des
plaifanteries pour des raifonnemens , fe
chargea de tout. Le feul point où je dif-
férois de fon avis , c'étoit pour mettre
oppofition fur la totalité des biens de
mon mari. Je n'entendois rien aux affaires , & fes procédés m'avoient forcée
de me foumettre aux volontés de mes
nouveaux tuteurs.

(20)

Je protefte être entiérement étrangere à toute l'affaire des Quinze-vingts, & je n'ai pas été la derniere à trouver fingulier que monfieur de Beaumarchais, fans raifon quelconque, fe mêlât d'une geftion qui devoit lui être inconnue. Il exifte deux hommes fouvent dans le même être : l'un infolent, avide, dur ; l'autre foumis, généreux, empreffé. Les femmes qui ne connoiffent les hommes que fous le rapport des plaifirs, & qui les voient toûjours fous les dehors les plus avantageux, font excufables de ne pas croire leurs rivaux qui les accufent.

M. Kornman merite fans doute la compaffion des ames faciles à s'attendrir, lorfqu'il décrit la fituation où il fe trouva, quand étant malade dans une maifon remplie d'efpions, il apprend qu'on follicite une ordre pour le faire enfermer. S'il s'étoit dit à lui-même : ,, l'état mal-,, heureux où je me furprends, eft celui ,, où j'ai plongé ma femme : je l'ai mife ,, fous l'œil inquifiteur d'une troupe de ,, délateurs par état ; je l'ai livrée au ,, déshonneur ; je lui ai fermé le fein de ,, fa famille ; je l'ai arrachée de fa maifon ,, pour la mettre fous les verroux, où

» mes foins prétendus alloient encore
» l'infulter : j'ai dénoncé fes amis au
» miniftere comme des corrupteurs pu-
» blics ; je n'ai ménagé ni les magiftrats,
» ni les gens puiffans : & je m'étonne
» de me voir abandonné ! de ce que la
» vengeance arme leurs talens & leurs
» amis ! «

Tout en faifant des projets de récon-
ciliation il en vient à une plainte en adultere , c'eft-à-dire , au dernier degré
de diffamation où puiffe fe porter un
mari indigné.

Réfumons. Il m'accufe d'avoir aimé
un homme qu'il a traité comme fon ami.
Cet homme a , où n'a pas les vices qu'on
lui prête : s'il les a , l'amour a mis fon
bandeau fur mes yeux. Je lui ai tout facrifié , j'ai voulu triompher de mon funefte penchant, mes efforts ont été ftéri-
les. Voilà mon crime, & mon feul crime.
Qui doute que , fi mon époux devenu
mon perfécuteur , en eût eu d'autres à
me reprocher , il ne s'en fût fervi pour
légitimer fes pourfuites ? J'ai donc eu un
feul amant & des amis.

Femmes légeres qui m'avez condamnée avec tant d'amertume, en est-il beaucoup parmi vous qui puissent me jetter la premiere pierre ? y a-t-il beaucoup de maris qui n'ayent pas eu de pareille disgrace à essuyer, pareille faute à pardonner, pareil accident à oublier ? Une femme à qui la tête a tourné, écrit à son amant, va chez son amant, donne tout ce qu'elle possede à son amant, plaisante de son mari avec son amant, quelquefois est enceinte de son amant, en pleure, s'en désespere, l'avoue à son mari quand il connoît la foiblesse du cœur humain, le lui cache lorsqu'il est un imbécille ou un tyran. Il n'y a qu'une passion impérieuse qui puisse faire supporter ce que j'ai souffert : si je n'eusse été que galante, j'aurois signé le premier traité proposé par monsieur Kornman, bien sûre d'avoir, au bout de six semaines, dicté moi-même les conditions qui m'auroient convenues.

M. Bergasse a terminé son trop intéressant mémoire par des réflexions sur l'adultere qui étoient entiérement inutiles là où il les a placées. Je tracerai aussi quelques idées sur le ministere de l'amitié, & l'emploi des talens. Je ne conteste point ceux de mon adversaire : ils m'ont fait trop de mal pour en douter : mais fi au lieu de défendre fon ami avec un zele fi amer pour moi, il eût voulu s'adreffer à mon cœur plutôt qu'au public, il eût excité mes remords comme il a excité l'indignation contre moi. Ce triomphe, moins brillant fans doute, n'étoit peut-être pas moins digne de fa belle ame; un peu plutôt ou un peu plus tard, & (j'efpere que ce moment n'eft pas loin) je reviendrai à la raifon, à la vertu fur-tout; je ne ferai plus fous le charme, je m'efforcerai de rendre une mere à mes enfans, mes foins, mes fervices à mon époux fouffrant, dût-il rejetter tout fentiment, toute expreffion de repentir : je connois fon cœur, j'en triompherai encore. Alors contre qui eft-ce que monfieur Bergaffe aura travaillé ? N'eft-ce pas contre fon ami ? Comment lui fera-t-il oublier que fa funefte éloquence a pour jamais diffamé & avili fa compagne, il lui dira; fans votre cruel talent, fans votre ouvrage, la fociété, comme moi, pardonneroit à une femme coupable fans doute, mais qui fe repent ; &

Dieu fit du repentit la vertu des mortels.

Je ne dirai point que le mémoire eft

un libelle ; il ne contient que trop de vérités ; & à l'aſſaſſinat près, imagination qu'il ne falloit pas accréditer , ou fait qu'il falloit inconteſtablement prouver , les faits , les lettres , les portraits , tout n'eſt que trop réel : mais étoit-ce une raiſon pour le dire ? Je n'ai jamais été extrêmement répandue ; & quoique liée avec les plus grands intriguans de l'Europe , je hais l'intrigue , parce qu'elle eſt fatiguante dans ſon activité , & ennuyeuſe dans ſes éternels projets. Mais ſi je révélois tout ce que je ſais des maris qui trompent leurs femmes , des femmes qui déſolent leurs maris , des crimes de la ſociété , des horreurs qui ſe paſſent dans les bureaux , on verroit les hommes ſe fuir ou s'entre-dévorer.

De quelle utilité peut-être le mémoire de M. Bergaſſe ? Pour faire connoître mes fautes ? elles ſont conſignées dans les regiſtres du commiſſaire Vanglennes ? Pour démaſquer les ennemis de M. kornman ? l'opinion publique eſt irrévocablement fixée ; elle a preſqu'oublié le nom de l'un , & ne ſe reſſouvient de l'autre qu'au théatre. Pour arranger les affaires de mon époux ? une ſtérile compaſſion

n'eſt

n'eft bonne à rien. Un ami patient, éclai-
ré, indulgent, en vient à bout.

Enfin, quelque foit l'événement, puif-
fe-t-il fervir à prouver combien l'ufage
des mémoires eft barbare & contraire à
l'harmonie de la fociété! Il feroit bien
digne du nouveau chef de la magiftrature
d'abolir cette coutume, pire cent fois
que les duels; car enfin dans ceux-ci
du moins n'a-t-on pas toujours le malheur de furvivre aux bleffures dont a été
atteint.

Il feroit digne de la fenfibilité de M.
Bergaffe d'examiner combien les femmes
ont droit à l'indulgence. Des êtres que
l'on ne fait exifter que pour le plaifir,
dont l'occupation eft la toilette, dont le
devoir eft de plaire, dont la vertu doit
être la douceur, qui par difcrétion doi-
vent fe rendre étrangeres aux affaires,
qu'on loue fans ceffe, qu'on aime quelquefois, qu'on adore fouvent, qu'on re-
cherche toujours : de tels êtres, dis-je,
ne font-ils pas excufables de voir fouvent
trop tard que, fous des dehors féduifans,
on leur a caché des cœurs perfides?

Je ne fuis plus la dupe de cette prétendue galanterie françaiſe. Les femmes commencent par être des hochets, & finiſſent par être des victimes. On pourroit, depuis dix ans, citer cinquante mémoires qui outragent cruellement un ſexe que nous nous faiſions gloire de ſervir autrefois, & que nous devrions du moins protéger maintenant.

Si ces réflexions ſur l'abus des mémoires ſont juſtes, que ne pourroit-on pas dire ſur l'indignité de publier les lettres? Quelle que ſoit la maniere dont on ſe les ſoit procurées, elle eſt infâme. Or comment avoue-t-on publiquement une infamie? Si le mémoire de ſon pere tombe un jour entre les mains de mademoiſelle Kornman, elle lira dans des lettres adreſſées à ſa mere *Poſt-ſcriptum rempli de phraſes obſcenes*, & elle demeurera perplexe entre une mere libertine ou un pere calomniateur. Quel exemple! Quelle ſituation! Non; il eſt des ſecrets horribles qu'on eſt obligé d'enſevelir. Mais je ſerai ruiné? ſoit: vous ſerez ſans fortune. = Et mes enfans? vous leur laiſſerez du moins l'honneur; d'ailleurs ce n'eſt pas en plaidant que vous les enrichirez.

Je ne me figne point parce que je n'accufe perfonne. Et fi quelqu'un eft cutieux
de connoître le défenfeur de madame
Kornman il fe nommera. Si , en atten-
dant , on veut la mefure de mon caractere , la voici : Indulgent pour une portion
de l'efpece humaine que nòs loix & nos
ufages traitent avec trop de rigueur , je
voudrois en même tems voir leur vie
fociale différemment employée. Pourquoi
cette continuelle diffipation , & cette né-
ceffité de paffer la moitié du jour à fe pa-
rer , ou à des foins auffi frivoles ? Indulgent encore pour les hommes auxquels
on fuppofe tous les vices parce qu'ils ont
eu des torts réels , je voudrois qu'on dif-
tinguât les époques de la vie ; qu'on fût
inexorable pour les fautes de l'âge mûr ,
& bien facile pour les erreurs de la jeu-
neffe. Pourquoi ces reffouvenirs cruels
qui reffufcitent à chaque inftant les malheurs de l'inexpérience ? Indulgent enfin
pour les perfonnes en place , qu'on juge
fans les entendre , & comme fi elles
étoient infaillibles ou commandoient aux
événemens , je voudrois qu'on leur paf-
fât des foibleffes en faveur de la bienfai-
fance , des méprifes inféparables de la
multiplicité des affaires. Pourquoi les re-

garder comme les ennemis de notre repos , de notre fortune , de nos plaifirs ?

Mais obfervateur cauftique & cenfeur
amer des ridicules & d'une nation qui fe
complaît dans fes travers , j'avoue que
j'ai bien peu de foi aux talens, en quelque
genre que ce foit , moins encore aux ré-
putations , parce qu'il y en a plus encore
que de talens ; pas du tout aux révolutions
annoncées , aux grandes chofes.

F I N.